LOS HILOS DEL APRENDIZAJE

Cuentos y propuestas para conocer
la diversidad de talentos e inteligencias múltiples

Julia Portolés

Del texto:
Julia Portolés Osta

De las fotografías:

Pág. 66: https://www.pinterest.es/pin/749567931718013837/
Pág. 71: https://www.ondacero.es/emisoras/extremadura/merida/mas-de-uno/yoga-ninos-necesidades-especiales_202111186196252d9d
Pág. 59: https://www.pinterest.com.mx/pin/16607092369922613/
Pág. 88: https://www.pinterest.com.mx/pin/381820874653781249/
Pág. 63 reciclaje: instagram @recursosaula

Diseño de edición:
Jennifer Martínez Ramírez

De la presente edición:
Grupo Sar Alejandría S.L

Edita:
Saralejandría Ediciones

ISBN: 978-84-10105-39-3
Depósito Legal: CS 431-2024

Dedicado a mi familia, a mis pollitos y a las cuatro estrellas que brillan en el cielo, convirtiéndose en mi faro de referencia y en la luz que me guía día a día.

Y a todas aquellas personas que a través de un hilo invisible hoy nos conecta al leer este libro.

Descubramos juntos el genio que todos llevamos dentro.

Con todo mi cariño,
Julia

SOBRE MÍ

Recuerdo a mi abuela Pilarín cosiendo en su máquina Singer debajo de la luz de la ventana del salón mientras mi abuelo veía las noticias en la televisión. Así, mi abuela preparaba los patrones, los hilos de colores, los medía, los cortaba, imaginaba cómo iba a ser su siguiente juego de cama, si llevaría o no encajes... Las sedas, el algodón, las sábanas de franela pasaban por sus manos y por sus sueños, le acompañaban conversaciones y susurros mientras estaba cosiendo. Me decía que nunca hacía una igual a otra y aunque se lo encargasen, se negaba. Y ahí estaba yo. Sentada a su lado, merendando chocolate blanco, admirando sus labores.

Mi abuela fue la primera maestra bordadora del pueblo y a su taller venían todas las mujeres solteras y casadas que querían tejer sus "ajuares" mientras aprendían a enhebrar las agujas y echar pespuntes a las sábanas que mi abuela hilvanaba previamente.

Por momentos, imaginaba cómo sería dedicarme a coser, hasta que caí en la cuenta que quería ser tejedora de sueños como ella. Pero como las máquinas de coser no eran mi pasión, decidí ser tejedora de sueños de niños. Decidí inspirar sus vidas, orientarles y fortalecerles.

Cuando comencé a trabajar en la etapa de infantil observé que los niños necesitan maestras tejedoras que crean en ellos y sacar sus emociones, su humor, su pasión, su experiencia, su afectividad y constancia.

Tras casi una década dedicada a la docencia en Infantil, me sigo apasionando con mis creaciones sin dejar de lado el camino de la originalidad y los intereses de mis niños y niñas. Y aunque mis inicios como tejedora fueron difíciles, pues mis trabajos con los diferentes hilos de colores se entrelazaron, a día de hoy he bordado huellas que permanecerán en la vida de mis pequeños para siempre.

Este libro tiene como objetivo acercar la literatura infantil y el enfoque de las inteligencias o "talentos" múltiples al entorno de la etapa de la educación infantil y primaria. La literatura se presenta como un universo mágico y emocionante que despierta la imaginación, la creatividad y el gusto por la lectura desde las primeras etapas del desarrollo. Proporciona a los niños la oportunidad de explorar diversos temas, personajes y emociones, contribuyendo al progreso del lenguaje, la comprensión, la empatía y la expresión personal. Además, las actividades basadas en los álbumes infantiles seleccionados sientan las bases para una educación sostenible al abordar cuestiones vinculadas a los Objetivos de Desarrollo Sostenible, tales como el respeto al medio ambiente, la igualdad de género y la diversidad cultural.

ÍNDICE

INTRODUCCIÓN

Una vez, Einstein dijo:

"Si tú quieres que los niños sean inteligentes léeles libros, si tú quieres que ellos sean más inteligentes, léeles más libros".

Siguiendo esta idea pienso que, donde un adulto solo ve arena en la playa, un niño ve castillos, dragones, caminos de arena y tesoros en formas de conchas. Donde un adulto solo ve algunas piezas de construcción, un niño ve casas, animales, coches o barcos que navegan océanos. Donde un adulto solo ve muñecos, un niño ve cocineros, médicos salvando vidas o guerreros luchando contra criaturas malvadas.

Los niños nacen con la capacidad de crear mundos que solo existen en sus mentes y eso es asombroso. Pero tengo una buena y una mala noticia. La mala noticia es que, cuando nos hacemos mayores, perdemos esa increíble capacidad de imaginar y ser un soñador. La buena noticia es que hay algo capaz de ayudarnos a no perder esa capacidad innata: los libros

CAPÍTULO 1

ELEGIR LOS HILOS ADECUADOS

FUNDAMENTACIÓN

En una comunidad donde la alfabetización prevalece, la maestría en la lectura se convierte en una llave que desbloquea el acceso a la información y, por consiguiente, facilita la interacción social.

No obstante, la habilidad de leer es comparable a un instrumento musical que requiere ajustes precisos; a medida que se perfecciona, la armonía resultante se vuelve más agradable. En otras palabras, la lectura se vuelve más fluida, veloz y casi automática a medida que se refina. Esta automatización, en última instancia, posibilita la comprensión completa, marcando así el auténtico destello de iluminación.

Desde "Caperucita Roja", las leyendas populares, a los últimos libros-álbum como "El hilo invisible" o "¿Tu cuerpo es tuyo?" publicados recientemente, la literatura está a nuestra disposición esperando a que hagamos mensajes para contagiar a nuestro alumnado con su disfrute.

¿Qué ocurre en el cerebro?

Cuando los niños abren un cuento, su cerebro experimenta una serie de procesos complejos que involucran tanto áreas específicas relacionadas con la percepción visual y el procesamiento del lenguaje como regiones más amplias implicadas en la comprensión y la interpretación. Algunos aspectos clave incluyen:

1. Activación de áreas visuales: Al comenzar a leer, los niños procesan visualmente las palabras y las letras en la página, lo que activa áreas visuales especializadas en el reconocimiento de formas y símbolos.

2. Procesamiento del lenguaje: A medida que avanzan en el texto, el cerebro de los niños decodifica las palabras y las oraciones utilizando regiones específicas dedicadas al procesamiento del lenguaje, como el área de Broca y el área de Wernicke.

3. Comprensión del contenido: Otras áreas del cerebro, como el córtex prefrontal y el córtex parietal, se activan para comprender el significado del texto, integrar la información y formar una representación mental coherente de la historia.

4. Respuestas emocionales: La lectura puede provocar respuestas emocionales en el cerebro de los niños. La activación de regiones como la amígdala y el sistema límbico puede estar involucrada en la experimentación de emociones y sentimientos mientras se leen ciertas partes de un cuento.

La relación entre la lectura y el cerebro de los niños es significativa y se ha estudiado extensamente en el campo de la neurociencia cognitiva. Varios estudios han demostrado que la lectura regular durante la infancia puede tener impactos positivos en el desarrollo cerebral, incluyendo el aumento de la conectividad neuronal en regiones relacionadas con el lenguaje y la cognición.

Autores como Raymond Mar y Keith Oatley, en sus investigaciones sobre la neurociencia de la ficción, han encontrado que la lectura de historias puede estimular la actividad en regiones del cerebro involucradas en la comprensión emocional y la teoría de la mente, lo que sugiere que la ficción literaria puede de hecho abrir ventanas a un mundo rico de emociones y sentimientos en la mente del lector, incluidos los niños.

La creatividad como forma de expresión

Raúl Bermejo resalta la importancia de la creatividad sin límites en la infancia como un factor crucial para el desarrollo integral de los niños. Sin embargo, también advierte sobre el riesgo de perder el espíritu creativo a medida que los niños crecen. Esta pérdida puede ser el resultado de varios factores:

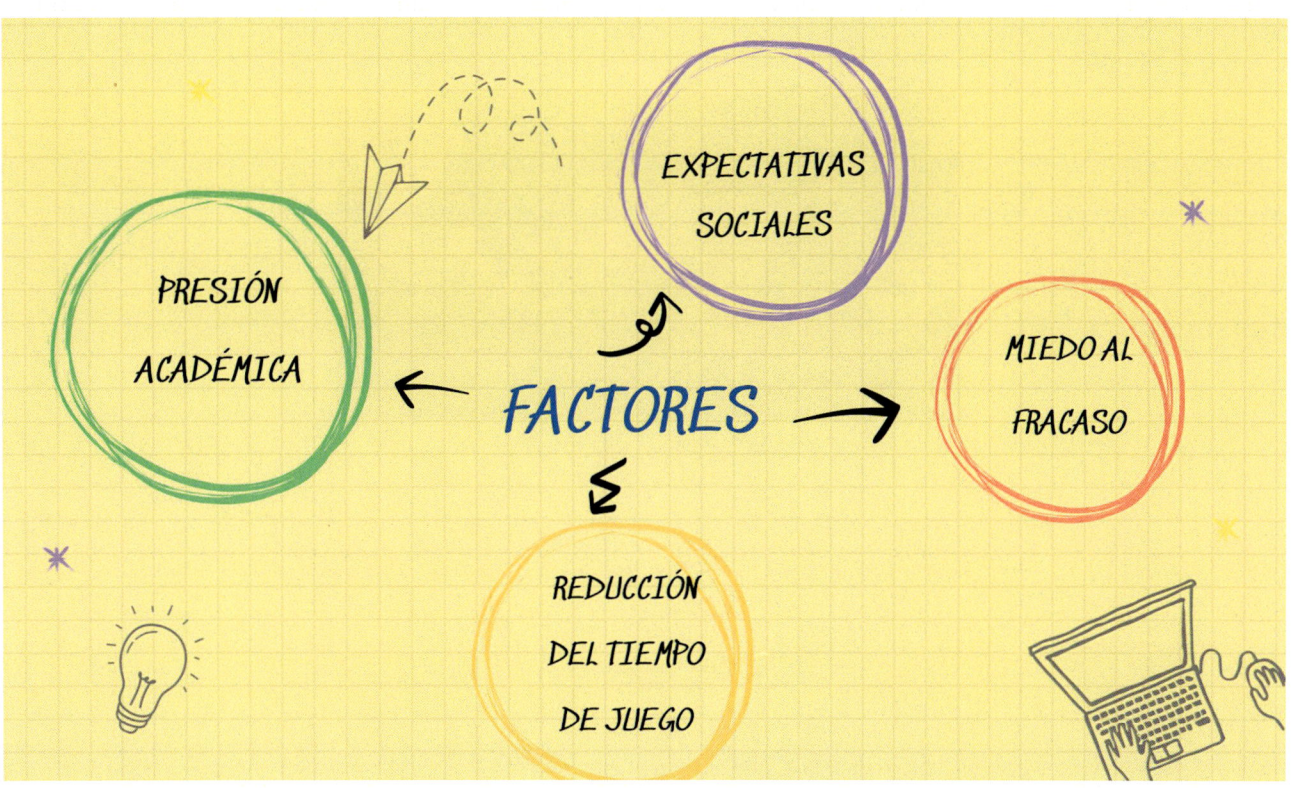

Bermejo enfatiza la importancia de contrarrestar estos factores y mantener viva la creatividad a lo largo del desarrollo de los niños. Esto implica fomentar un entorno que valore la originalidad, la experimentación y el pensamiento crítico, tanto en el hogar como en la escuela.

Concepto e importancia de la literatura infantil

A los pequeños de educación infantil les encanta escuchar relatos, y nosotros, los educadores, nos aseguramos de que todo en torno a este momento sea verdaderamente mágico.

¿No entonamos una canción antes de comenzar la historia? ¿No nos acomodamos en círculo para que puedan ver y compartir emociones? ¿No dejamos pasar unos instantes de intriga disfrutando de sus expresiones asombradas?

Al narrar cuentos como "¡Beso, beso!" o "Los tres cerditos", los alumnos empiezan a familiarizarse con la literatura y desarrollan sus habilidades literarias. De esta manera, surgen emociones, intereses y curiosidades que comparten entre ellos, dando lugar a nuevos aprendizajes.

Como lo expresaba el ingenioso hidalgo en la obra de Cervantes: "Mi querido Sancho..., quien lee mucho y anda mucho, ve mucho y sabe mucho" (1993:21), o la destacada poetisa Gloria Fuertes señalaba: "Un niño con un libro de poesía en las manos nunca tendrá de mayor un arma entre ellas" (2017:10).

Entonces, ¿por qué la literatura infantil es tan relevante?

Esta interrogante es esencial para nosotros, los docentes de educación infantil, al adentrarnos por primera vez en un aula llena de pequeños genios. La literatura abarca todas las expresiones basadas en la palabra, con un propósito artístico o lúdico adaptado a los intereses de los niños.

Según Grove y Bauer, el cuento es una obra en prosa que refleja la vida, con personajes, acción y un conflicto. Marchesi y Paniagua consideran que los cuentos son una fuente inagotable de sabiduría e interés para el desarrollo integral de los niños y niñas. Los inicios de la literatura infantil no son fácilmente definibles, ya que durante mucho tiempo se debatió su existencia como literatura, siendo los primeros cuentos conocidos dirigidos a adultos.

En 1697, Charles Perrault publicó sus "Cuentos de mamá oca", que incluían historias como "Pulgarcito", "La Cenicienta", "El gato con botas" y "Caperucita roja". Los hermanos Grimm, posteriormente, publicaron "Cuentos para la infancia y el hogar", recordando personajes e historias de los cuentos de Perrault. Andersen, en 1835, publicó "Cuentos contados para niños", entre ellos "El patito feo" y "La sirenita".

En nuestro país, Cecilia Bohl, en 1874, destacó como autora de cuentos, oraciones, adivinanzas y refranes populares e infantiles. Según Marissa Bortolussi (2008:22), la literatura infantil es "una obra artística destinada a un público infantil", comprendiendo todas las manifestaciones basadas en la palabra escrita que generan interés en los niños, como poesía, narrativa, cómics, adivinanzas, cine, dramatización, canciones, retahílas, etc.

Sin embargo, no toda la producción destinada a los niños constituye literatura infantil, como los libros de texto o concursos televisivos para niños.

La literatura infantil debe estar presente desde edades tempranas por diversas razones:

Responde a las necesidades individuales, establece una conexión afectiva entre el narrador y el niño, enfrenta retos a través de la identificación personal, estimula la imaginación y el lenguaje oral, valora el sentido estético de la lectura, ayuda a conocerse a sí mismo, sirve como vínculo de transmisión cultural y de elementos del folklore, despierta la afinidad por la lectura y potencia el pensamiento crítico y divergente.

Así, a través del cuento "Un puñado de botones", enseñamos a los alumnos sobre la diversidad familiar, fomentando el respeto y la aceptación. Con el cuento "La cocina de dibujos" de Hervé Tullet, cultivamos la creatividad al crear recetas como "delicia de garabatos" o "mermelada mágica". Y con el cuento "Todo empieza con una semilla", aprendemos el ciclo de vida de un árbol y plantamos uno en el huerto del colegio, permitiendo observar su crecimiento a lo largo de las estaciones y los años.

En conclusión, los cuentos son herramientas útiles para comprender la vida, conectar con nuestro niño interior, abrir las puertas a la conciencia y generar cambios profundos.

Literatura infantil e inclusión

El compromiso de trabajar con y para la diversidad de alumnado en el aula a través de la literatura infantil es fundamental para crear un entorno inclusivo donde cada niño se sienta valorado y capaz de participar plenamente en la experiencia educativa. Coral Elizondo destaca la importancia de este compromiso, reconociendo que cada persona es diferente y que la accesibilidad es un derecho universal. Algunos tipos de cuentos que pueden ser útiles para niños con diversas deficiencias, como TDA-H, dislexia, Síndrome de Down, Síndrome de Asperger, deficiencias visuales, motoras, entre otras:

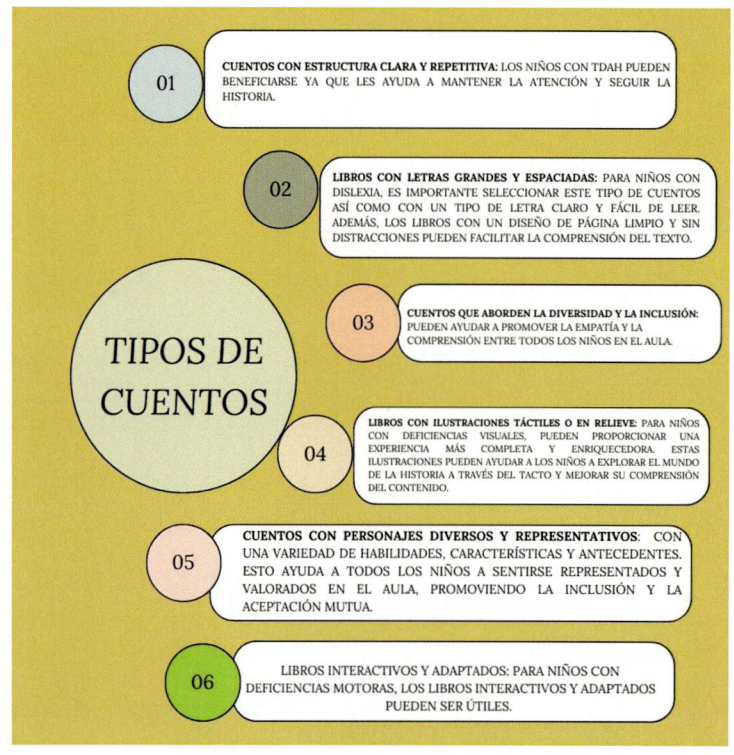

TIPOS DE CUENTOS

01 CUENTOS CON ESTRUCTURA CLARA Y REPETITIVA: LOS NIÑOS CON TDAH PUEDEN BENEFICIARSE YA QUE LES AYUDA A MANTENER LA ATENCIÓN Y SEGUIR LA HISTORIA.

02 LIBROS CON LETRAS GRANDES Y ESPACIADAS: PARA NIÑOS CON DISLEXIA, ES IMPORTANTE SELECCIONAR ESTE TIPO DE CUENTOS ASÍ COMO CON UN TIPO DE LETRA CLARO Y FÁCIL DE LEER. ADEMÁS, LOS LIBROS CON UN DISEÑO DE PÁGINA LIMPIO Y SIN DISTRACCIONES PUEDEN FACILITAR LA COMPRENSIÓN DEL TEXTO.

03 CUENTOS QUE ABORDEN LA DIVERSIDAD Y LA INCLUSIÓN: PUEDEN AYUDAR A PROMOVER LA EMPATÍA Y LA COMPRENSIÓN ENTRE TODOS LOS NIÑOS EN EL AULA.

04 LIBROS CON ILUSTRACIONES TÁCTILES O EN RELIEVE: PARA NIÑOS CON DEFICIENCIAS VISUALES, PUEDEN PROPORCIONAR UNA EXPERIENCIA MÁS COMPLETA Y ENRIQUECEDORA. ESTAS ILUSTRACIONES PUEDEN AYUDAR A LOS NIÑOS A EXPLORAR EL MUNDO DE LA HISTORIA A TRAVÉS DEL TACTO Y MEJORAR SU COMPRENSIÓN DEL CONTENIDO.

05 CUENTOS CON PERSONAJES DIVERSOS Y REPRESENTATIVOS: CON UNA VARIEDAD DE HABILIDADES, CARACTERÍSTICAS Y ANTECEDENTES. ESTO AYUDA A TODOS LOS NIÑOS A SENTIRSE REPRESENTADOS Y VALORADOS EN EL AULA, PROMOVIENDO LA INCLUSIÓN Y LA ACEPTACIÓN MUTUA.

06 LIBROS INTERACTIVOS Y ADAPTADOS: PARA NIÑOS CON DEFICIENCIAS MOTORAS, LOS LIBROS INTERACTIVOS Y ADAPTADOS PUEDEN SER ÚTILES.

Al seleccionar y utilizar estos diferentes tipos de cuentos en el aula, los educadores pueden enriquecer la comunicación y la experiencia de aprendizaje de todos los niños, promoviendo la inclusión y el respeto hacia la diversidad. Esto no solo beneficia a los niños con necesidades especiales, sino que también enriquece la experiencia educativa para todos los niños en el aula rompiendo las barreras que dificultan el aprendizaje con la finalidad de conseguir una sociedad verdaderamente inclusiva.

¿Qué criterios debemos tener en cuenta para la selección, utilización y valoración de cuentos infantiles?

Al momento de elegir los relatos para compartir con los estudiantes, es esencial considerar varios aspectos, siendo el primero de ellos las características psicoevolutivas de los niños en diferentes etapas:

CRITERIOS PARA SELECCIONAR CUENTOS SEGÚN LA EDAD

1-3 AÑOS

Prefieren cuentos realistas que aborden temas relacionados con su vida cotidiana. Resultan atractivos aquellos cuentos con solapas, texturas, sonidos y elementos emergentes.

3-5 AÑOS

Se interesan especialmente por cuentos simples, ilustrados, que aborden rutinas diarias, animales domésticos y salvajes. Hacia los cinco años, comienzan a intrigarles los relatos con elementos maravillosos, como hadas y brujas.

MÁS DE 5 AÑOS

Se interesan por historias donde los protagonistas son niños como ellos, enfrentando eventos fantásticos y extraordinarios. Prevalece el gusto por la fantasía, el mundo maravilloso, así como por misterios y juegos de palabras.

Un espacio para soñar; la biblioteca de aula

"No solo es misión de los libros el atraer a los niños; creemos espacios que cautiven, que atraigan a los niños a tumbarse y perderse en sus historias"

César Bona, 2015

¿En qué aula de Educación Infantil no hay un rinconcito destinado a la lectura?

Unos lo llaman "rincón de lectura" otros "Biblioteca", pero sin duda el significado es el mismo, divertirse con el lenguaje, a través de un espacio caracterizado por ser cuidado, seleccionado, lleno de magia y de historias divertidas, o tristes, pero sin duda repletas de aprendizaje. Es obvio decir que debe ser un espacio acogedor, alegre, atractivo y accesible para los niños y que debe tener buenas condiciones de iluminación.

El ambiente de la biblioteca es un lugar donde se hace realidad el placer de leer.

Es un espacio que requiere una serie de condiciones óptimas para el fomento de la lectura, es decir, en un lugar separado y diferenciado del resto de la clase, tiene que ser tranquilo y agradable para poder trabajar o leer sin que se pueda molestar a otros compañeros o viceversa. Por tanto, tiene un carácter específico y personalizado. Dicho espacio puede contar con una alfombra y varios cojines para que el alumnado esté cómodo. En cuanto a la decoración, puede variar en función de la situación de aprendizaje (Sda) y entre todos pueden elaborar un mural con el fondo de un bosque mágico o el fondo del mar. Las estanterías se encuentran a la altura del alumnado, por lo que pueden acceder sin dificultad y sin ayuda de un adulto. Y además, siempre deben estar recogidas favoreciendo hábitos de orden y facilidad de elección. En cuanto al tipo de libros, las temáticas son variadas, para que cada alumno elija el que más le interese. También en función de la situación de aprendizaje que se trabaje en el aula se colocan libros relacionados. Por ejemplo, si estamos trabajando la situación de aprendizaje "Los lobos no son los malos de los cuentos" la biblioteca se llena de cuentos, libros y revistas de lobos, granjas, montañas... como "El lobo hace huelga" "¡Voy a comedte!"...La biblioteca del aula también dispone de audio libros y cuentos creados a través de pictogramas con el programa ARASAAC.

CAPÍTULO 2

ENHEBRAR LA AGUJA E HILO

JUSTIFICACIÓN DE LA PRESENCIA DE LA LITERATURA INFANTIL EN EL CURRÍCULO

Como señala el Real Decreto 95/2022, de 1 de febrero, en esta etapa educativa se inicia el acercamiento a la literatura infantil como fuente de disfrute, y se empieza a tejer desde la escucha en el contexto cotidiano, de las primeras nanas, un vínculo emocional y lúdico con los textos literarios. Es la etapa de la literatura oral por excelencia. Por ejemplo, dentro del aula podemos organizar un concurso de adivinanzas, a partir de la creación de un podcast (trabajando así la competencia digital).

En este apartado analizaremos cómo se refleja dicho desarrollo en el Real Decreto 95/2022 de Enseñanzas Mínimas de Educación Infantil.

Se especifica que se evaluará a partir de los criterios de evaluación, a través de los cuales se desarrolla toda la intervención educativa. De acuerdo con el área III (Comunicación y representación de la realidad), los criterios que más se relacionan son los relacionados con la competencia específica 4. Concretamente, especificaré uno de ellos:

· Participar en situaciones de lectura que se producen en el aula. Por ejemplo, podemos realizar una dramatización de los personajes del cuento tras la lectura en asamblea.

Consecuentemente, la familia y la escuela llevarán acciones conjuntas que contribuyan a desarrollar en el alumnado los objetivos generales de educación infantil, entre los que destacamos: f)

Sin embargo, para la consecución de los aprendizajes es preciso seleccionar, planificar y presentar unos **saberes básicos:**

Área III. Comunicación y representación de la realidad.

· Acercamiento a los usos del lenguaje escrito

· Lectura a través de modelos lectores de referencia

· Textos literarios infantiles, orales y escritos con contenido adecuado al desarrollo infantil...

¿Qué aporta el cuento en cada una de las áreas del currículo?

El cuento es entre todos los juguetes y materiales y junto con el juego, el recurso más beneficioso en la escuela. Como parte de la literatura infantil nos ayuda al desarrollo integral del niño, por tanto, me sirve para trabajar todas las áreas del currículo y en casi todas las situaciones de aula, es decir, asamblea, psicomotricidad, talleres de aula, lógica matemática...

Analicemos a continuación el valor del cuento infantil en cada una de las áreas del Real Decreto 95/2022, de 1 de febrero, por el que se establece la ordenación y las enseñanzas mínimas de la Educación Infantil.

· Dentro del área "Crecimiento en Armonía" ¿qué aportan los cuentos?

· En el del área "Descubrimiento y Exploración del Entorno" ¿qué podemos poner en valor educativo de los cuentos?

· Y en la tercera área, "Comunicación y Representación de la Realidad" ¿qué desarrollan los cuentos en el niño?

Inicios de la teoría de las inteligencias múltiples

En 1979, mientras realizaba investigaciones en la Universidad de Harvard, Howard Gardner fue abordado por un grupo filantrópico holandés que le solicitó expandir su estudio sobre las capacidades humanas. Este encargo marcó el inicio del Proyecto Zero en Harvard, dando origen a la Teoría de las Inteligencias Múltiples.

Basándose en su investigación, Gardner y su equipo concluyeron que las personas poseen diversas inteligencias que operan de manera independiente y que pueden ser cultivadas de forma diferenciada. Años después, 1983, Gardner publicó su teoría en forma de libro, el cual se convirtió en un éxito de ventas y tuvo un impacto significativo en los campos de la educación y la psicología.

El mérito de Howard fue la investigación, la conceptualización u divulgación de tu teoría cuestionando muchas creencias tradicionales tales como:

· La idea de una dimensión única de la inteligencia.

· La importancia del cociente intelectual como herramienta eficaz para evaluar la capacidad mental.

· La visión de una sola dimensión de cómo evaluar la mente del ser humano.

Por ello, el autor propuso una visión pluralista de la mente y una visión polifacética de la inteligencia. Este enfoque alternativo a las teorías tradicionales de la inteligencia se basa en el cognitivismo y en la neurociencia.

Al adoptar esta perspectiva sobre la inteligencia humana, Gardner notó que la concepción tradicional de la inteligencia, centrada principalmente en el coeficiente intelectual (CI) y la capacidad para resolver problemas matemáticos y lingüísticos, resultaba insuficiente para explicar la amplia variedad de habilidades cognitivas y talentos presentes en las personas.

Desde entonces, la Teoría de las Inteligencias Múltiples ha sido objeto de debate y críticas, pero también ha llevado a un mayor reconocimiento de las diversas habilidades y talentos individuales. Ha ejercido una profunda influencia en la educación y la formación de maestros, promoviendo una apreciación más amplia de la diversidad de capacidades de las personas.

¿Es innovador el enfoque de las inteligencias múltiples hoy en día?

La vigencia y aprecio de la teoría de las inteligencias múltiples persisten en la actualidad, ofreciendo una comprensión más holística y abarcadora de las habilidades y talentos individuales, al tiempo que destaca la importancia de abordar la diversidad presente en el entorno educativo.

Gardner, en su teoría, aboga por la plasticidad de la mente, considerando las inteligencias como potenciales flexibles

Así, la plasticidad cerebral y la noción de que puede evolucionar funcional y físicamente durante los procesos de construcción del aprendizaje son respaldadas por diversos neurocientíficos, como Francisco Mora y Jesús C. Guillén, entre otros.

Es cierto que esta teoría ha recibido numerosas críticas puesto que no se ha hallado ni se hallará una correspondencia neural directa con las inteligencias delineadas por Gardner. Aunque es cierto que algunas tareas puedan activar regiones cerebrales específicas en mayor medida, los procesos cognitivos complejos requieren la colaboración de diversas redes neurales. Por ejemplo, se han identificado conexiones cerebrales entre el lenguaje y la música, así como entre las emociones y el razonamiento (Howard-Jones, 2011), lo que contradice la noción de módulos independientes para cada inteligencia propuesta por Gardner. Además, el uso del término "inteligencia" es objeto de debate; como mencionó Gardner, por lo que hubiese sido más adecuado hablar de "talentos" o "capacidades" en lugar de inteligencias.

La teoría de las inteligencias múltiples de Gardner no debe ser considerada como una teoría científica, sino más bien como una herramienta educativa que intenta abordar la diversidad en el entorno escolar.

Y es que la verdadera riqueza del ser humano reside en la singularidad de cada uno de nuestros cerebros. En el aula, los estudiantes muestran una variedad de capacidades, motivaciones, intereses y conocimientos previos, lo que influye en su manera y velocidad de aprender.

Todas estas ideas presentadas nos llevan a reflexionar sobre cómo estamos enseñando a las nuevas generaciones de alumnos en el ámbito educativo. Como maestra de infantil considero que tenemos una labor crucial en la vida de un niño, sobre todo en la etapa de infantil, que somos los que arquitectos que construimos los cimientos de su personalidad en los primeros años. Por eso, la innovación pedagógica de cualquier maestro debería ser un principio esencial.

A continuación, se exponen algunas razones que respaldan la innovación continua del enfoque de las inteligencias múltiples en la actualidad:

· Fomenta una perspectiva educativa más inclusiva, según la defensa de Coral Elizondo (2022): la teoría reconoce la diversidad de habilidades y talentos entre los estudiantes, promoviendo así una educación personalizada e inclusiva que se adapte a las necesidades individuales de cada estudiante.

- Destaca la relevancia de las habilidades no cognitivas: la teoría reconoce la importancia de las habilidades sociales y emocionales en el aprendizaje y el éxito en la vida.

- Estimula la creatividad e innovación: al valorar diversos tipos de inteligencia y talentos, la teoría fomenta la creatividad e innovación, promoviendo un enfoque más amplio y diverso en la resolución de problemas.

- Ofrece un marco para el desarrollo personal y profesional: la teoría brinda un marco para el crecimiento personal y profesional, permitiendo a las personas identificar sus fortalezas y debilidades, así como desarrollar habilidades en áreas donde pueden tener menos experiencia.

En resumen, el enfoque inclusivo y diverso de la teoría de las inteligencias múltiples sigue siendo relevante y apreciado en la actualidad como una herramienta innovadora para abordar la diversidad estudiantil y fomentar el aprendizaje personalizado, así como el desarrollo personal y profesional.

Las inteligencias múltiples(im) desde la neurociencia

NATURALISTA

MUSICAL

INTERPERSONAL

LÓGICO-MATEMÁTICA

8 INTELIGENCIAS MÚLTIPLES

VERBAL-LINGUÍSTICA

VISUAL-ESPACIAL

INTRAPERSONAL

CORPORAL

La neurociencia es la ciencia que trata de integrar los conocimientos sobre el sistema humano, así como su funcionamiento y aplicación a los procesos educativos.

No podemos perder de vista que los niños desde antes de nacer, están formando su sistema nervioso. Estudios posteriores a los años 90, descubren que las neuronas de un niño no están formadas completamente desde el momento de su nacimiento, y que es nuestro sistema nervioso central el que contiene células madre que con los estímulos adecuados se van formando. Por tanto, esta plasticidad neuronal se desarrolle a lo largo de nuestra vida y los docentes, con la estimulación adecuada, tenemos la llave mágica para que este proceso se desarrolle de la manera más enriquecedora posible.

De hecho, cada una de las inteligencias múltiples requiere el manejo de una gran cantidad de datos provenientes de los sentidos, la memoria y el lenguaje... En otras palabras, según la evidencia actual de la neurociencia, no hay múltiples inteligencias, sino múltiples manifestaciones de una misma inteligencia versátil.

Sin embargo, esto no implica que todos poseamos la misma inteligencia. Hay notables disparidades en las habilidades de cada individuo: algunos destacan en ciertas tareas, mientras que en otras son promedio o incluso deficientes. Tampoco compartimos los mismos intereses, ni los mantenemos constantes a lo largo del tiempo.

Por ejemplo, si un niño destaca en la inteligencia espacial, podría ser más eficaz enseñarle matemáticas mediante el uso de diagramas y gráficos en lugar de explicaciones verbales.

Del mismo modo, un niño con habilidades musicales podría beneficiarse más de la enseñanza a través de canciones y ritmos.

Comprender cómo el cerebro procesa la información y las fortalezas individuales en diversas inteligencias permite diseñar enfoques de enseñanza más efectivos para cada persona. La relevancia de la investigación de Gardner sobre las inteligencias múltiples, recopilada en el Proyecto Zero de Harvard, radica en la identificación de ocho inteligencias independientes y diferentes en la capacidad humana, las cuales pueden interactuar y potenciarse mutuamente. Estas inteligencias se vinculan con áreas específicas del cerebro, según la clasificación de Armstrong (2012: 24-25):

1. Lingüística: lóbulos temporal izquierdo y frontal.

2. Musical: lóbulo temporal derecho.

3. Naturalista: áreas del lóbulo parietal izquierdo.

4. Corporal: cerebelo, ganglios basales y córtex motor.

5. Lógico-matemática: lóbulos frontal izquierdo y parietal derecho.

6. Viso-espacial: regiones posteriores del hemisferio derecho.

7. Interpersonal: lóbulos frontales, lóbulo temporal derecho y sistema límbico.

8. Intrapersonal: lóbulos frontales, lóbulos parietales y sistema límbico.

LÓGICA,
COMPRENSIÓN
MATEMÁTICA,
ESCRITURA,
LENGUAJE,
PRECISIÓN Y
HABILIDADES
ESTRATÉGICAS.

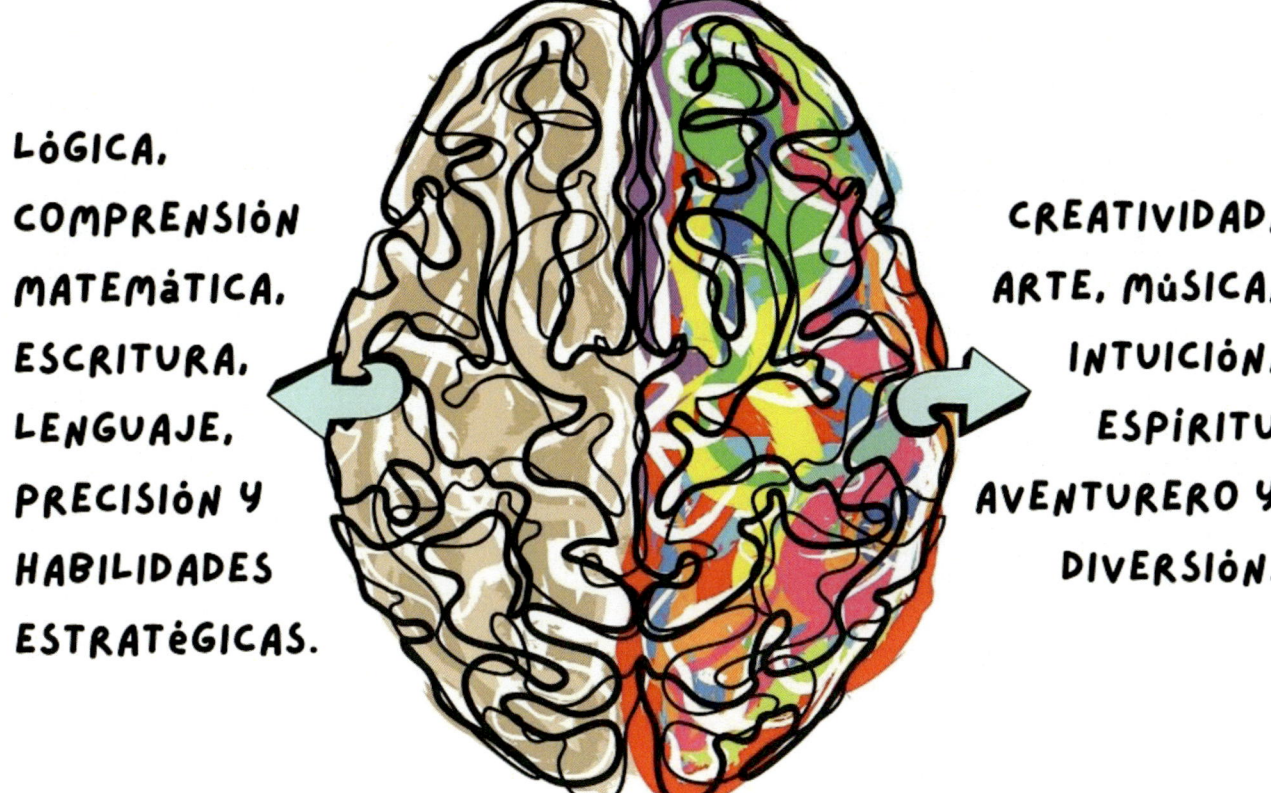

CREATIVIDAD,
ARTE, MÚSICA,
INTUICIÓN,
ESPÍRITU
AVENTURERO Y
DIVERSIÓN.

Aunque en 2012 se introdujo la inteligencia emocional (desarrollada por Goleman), que fusiona las inteligencias interpersonal e intrapersonal, la teoría original de Gardner sigue considerando las ocho inteligencias. La conciencia emocional es esencial para el trabajo en educación emocional, abarcando todas las inteligencias, desde la musical hasta la visoespacial.

En el aula, es común encontrar alumnos destacados en distintas inteligencias. Por ende, estas inteligencias pueden desarrollarse con el estímulo y la orientación adecuados, como sostiene Amparo Escamillas en "Inteligencias Múltiples en Educación Infantil". En el ciclo de infantil, se fomenta el desarrollo de las inteligencias mediante la metodología de aprender a pensar con todas las inteligencias en un ambiente de confianza.

En el siglo XXI, las corrientes pedagógicas y psicológicas, especialmente la neurociencia, han llegado para quedarse. Estas ofrecen la clave para comprender mejor la personalidad de los niños en clase y permiten implementar estrategias adaptadas a sus diferencias individuales. La teoría de las inteligencias múltiples de Gardner facilita la adaptación a las necesidades individuales de los estudiantes y enseña habilidades para la vida desde la perspectiva de todas las inteligencias.

El nivel de desarrollo de cada inteligencia en un niño depende de sus capacidades, intereses y motivaciones. Biológicamente, la neurociencia ha demostrado diferencias en las partes del cerebro activadas al desarrollar distintas inteligencias:

- Hemisferio izquierdo: lógica, comprensión matemática, escritura, lenguaje, precisión y habilidades estratégicas.

- Hemisferio derecho: creatividad, arte, música, intuición, espíritu aventurero y diversión.

La neuroeducación busca aprovechar el conocimiento sobre el funcionamiento del cerebro para potenciar los procesos de aprendizaje de los estudiantes.

Por ejemplo, la pregunta de un alumno sobre caracoles activa el hemisferio izquierdo y las inteligencias lógico-matemática y naturalista, generando una nueva situación de aprendizaje.

Cada persona desarrolla las ocho inteligencias en mayor o menor medida según gustos, intereses y desarrollo cerebral. Para alcanzar el máximo potencial en cada inteligencia, se pueden emplear diversas metodologías y actividades adaptadas a la etapa de infantil:

La neurociencia y la teoría de las inteligencias múltiples brindan herramientas valiosas para adaptarse a la diversidad estudiantil y promover un aprendizaje personalizado y equitativo.

INTELIGENCIAS MÚLTIPLES

1. **Inteligencia lingüística:** leer, escribir, inventar historias y comunicarse eficazmente.
2. **Inteligencia espacial y visual:** observar y comprender el mundo y los objetos desde diferentes perspectivas.
3. **Inteligencia corporal-kinestésica:** control postural, habilidades motrices y expresión corporal.
4. **Inteligencia lógica y matemática:** razonamiento lógico y resolución de problemas.
5. **Inteligencia musical:** comprender e interpretar piezas musicales y tocar instrumentos.
6. **Inteligencia naturalista:** sensibilidad hacia la naturaleza.
7. **Inteligencia intrapersonal:** conocerse a uno mismo, regular emociones y reflexionar sobre ellas.
8. **Inteligencia interpersonal:** socializar, comprender a los demás y ponerse en su lugar.

¿Cómo es el perfil docente de inteligencias múltiples del siglo XXI?

En la actualidad, el perfil del docente enfocado en las inteligencias múltiples ha adquirido una importancia fundamental en el ámbito de la enseñanza y el aprendizaje del siglo XXI. La teoría de las inteligencias múltiples, propuesta por Howard Gardner, reconoce la existencia de diversas formas de inteligencia, más allá de la convencionalmente evaluada mediante exámenes y pruebas de coeficiente intelectual.

En resumen, un docente comprometido con las inteligencias múltiples en educación infantil debe poseer un conocimiento sólido sobre esta teoría, adaptar las actividades a las fortalezas y necesidades individuales de los niños, fomentar la colaboración, utilizar recursos diversos y evaluar de manera auténtica y formativa. Todo ello con el propósito de ofrecer una educación inclusiva y enriquecedora que promueva el desarrollo integral de cada niño.

PERFIL DEL DOCENTE DEL SIGLO XXI

- Mayor capacitación en el enfoque de las inteligencias múltiples

Reconocimiento de las fortalezas individuales

Diseño de experiencias de aprendizaje con metodologías activas:

- Fomento del trabajo cooperativo y colaborativo.
- Empleo de materiales y recursos diversos

- Utilización efectiva de la tecnología
- Enfoque en la educación inclusiva

Descubriendo nuestras inteligencias

En el fascinante viaje del desarrollo humano, nos encontramos con la maravillosa diversidad de habilidades y talentos que cada individuo posee. La idea de que todos somos genios, pero que cada uno de nosotros se desarrolla a su propio ritmo y de manera única, es una verdad profunda que merece ser explorada y entendida en su totalidad.

En el siguiente apartado, nos embarcaremos en un viaje de autodescubrimiento y comprensión, donde exploraremos la variedad de inteligencias que existen en el mundo y cómo cada una de ellas moldea nuestra experiencia y nuestro potencial a través de la literatura infantil.

Es esencial comprender que el desarrollo infantil no sigue un patrón uniforme y predecible para todos los niños.

Algunos alcanzan ciertos hitos de desarrollo antes que otros, y algunos pueden necesitar más tiempo o apoyo adicional para lograrlos. Sin embargo, esta diversidad no debe ser motivo de comparación o juicio. En lugar de eso, debemos celebrar la riqueza de habilidades y talentos que cada niño aporta al mundo.

Uno de los conceptos fundamentales que se persigue en este libro es la idea de que todos desde pequeños poseemos múltiples inteligencias. Desde la inteligencia verbal-lingüística hasta la inteligencia visual-espacial, pasando por la inteligencia lógico-matemática y la inteligencia interpersonal, cada uno de nosotros tiene una combinación única de habilidades cognitivas y emocionales.

No sólo se puede considerar genios a aquellos que destacan por sus conocimientos y descubrimientos, o a aquellos con coeficientes intelectuales altísimos, sino que, con el tiempo, se ha demostrado que la parte artística y creativa del ser humano ha adquirido un mayor importancia y reconocimiento. He aquí algunos verdaderos genios:

GENIOS

STEPHEN HAWKING

A pesar de su diagnóstico de esclerosis lateral amiotrófica (ELA), Hawking se convirtió en uno de los físicos teóricos más destacados de la historia. Sus contribuciones a la cosmología y la física teórica son ampliamente reconocidas.

ILIA TOPURIA

Es un talentoso luchador de artes marciales mixtas que ha dejado una marca indeleble con su impresionante habilidad técnica y su determinación inquebrantable.

VAN GOGH

A pesar de sus luchas personales y su falta de reconocimiento durante su vida, van Gogh se convirtió en uno de los artistas más influyentes de la historia del arte. Su estilo único y su visión artística han dejado un legado perdurable.

JESÚS VIDAL

la interpretación del actor en la película "Campeones" recibió varios premios, incluido el premio Goya al Mejor Actor Revelación en 2019, uno de los reconocimientos más prestigiosos del cine español. Más allá de su talento como actor, Jesús Vidal se ha convertido en un símbolo de inclusión y diversidad en la industria del entretenimiento

Estos ejemplos destacan cómo las personas pueden tener diferentes habilidades, enfrentar diversos desafíos y alcanzar el éxito de maneras únicas.

Reconocer y celebrar esta diversidad es esencial para crear un mundo inclusivo y respetuoso donde todos tengan la oportunidad de alcanzar su máximo potencial.

Lo que nos hace verdaderamente diferentes no es solo la variedad de inteligencias que poseemos, sino cómo las desarrollamos y utilizamos como herramientas principales en nuestras vidas.

Algunos pueden destacarse en el campo de las matemáticas, mientras que otros pueden brillar en la música o las artes visuales. Lo importante es reconocer y valorar nuestras propias fortalezas y habilidades, así como las de los demás.

¿Imaginas que eres un genio jugando a béisbol o tocando el arpa y todavía no lo has descubierto? Quién sabe...

Importancia de integrar los objetivos de desarrollo sostenible (ods) desde edades tempranas

Los Objetivos de Desarrollo Sostenible (ODS) fueron establecidos como parte de una agenda global adoptada por la Asamblea General de las Naciones Unidas en 2015, con el propósito de abordar los desafíos más apremiantes a nivel mundial.

Desde el ámbito de la educación infantil, se busca contribuir a un futuro más sostenible, permitiendo que los niños se conviertan en ciudadanos responsables, conscientes y comprometidos con el bienestar del planeta.

A continuación, se presentan algunas razones que destacan la importancia de los ODS desde edades tempranas:

LOS ODS DESDE EDADES TEMPRANAS

THE GLOBAL GOALS

Fomento de una educación inclusiva

Promoción de la educación para la sostenibilidad

Impulso de la igualdad de género

Desarrollo de habilidades socioemocionales

Quality Loyality Trust

Promueven valores como la solidaridad, la empatía, la responsabilidad y el respeto por la diversidad

Formación integral al abordar los problemas globales

Conexión con el entorno local y global

Sensibilización temprana

CAPÍTULO 3

TEJIENDO CON LOS HILOS DEL APRENDIZAJE

PROPUESTA DIDÁCTICA

A continuación, realizaré la presentación de la propuesta didáctica de innovación en la que se llevará a cabo la selección de diez cuentos infantiles de reciente publicación para el alumnado de infantil relacionados con temáticas de los Objetivos de Desarrollo Sostenible y una propuesta de actividades para cada uno de ellos en base a las inteligencias múltiples. En este tercer apartado daremos a conocer los objetivos, el contexto, las actividades llevadas a cabo y la posterior evaluación para comprobar en qué medida se han alcanzado los logros propuestos.

Cada uno marca su propio ritmo

A partir de los intereses de los niños para enseñar a través de los cuentos infantiles seleccionados es fundamental para lograr un aprendizaje significativo y duradero. Al hacerlo, se crea un vínculo personal entre el niño y el contenido del cuento, lo que facilita su comprensión y retención. Esta práctica está respaldada por la teoría educativa y la psicología del desarrollo por autores prominentes como Jean Piaget, Lev Vygotsky, Edward Deci, Richard Ryan y David Kolb. Según Piaget, los niños construyen activamente su conocimiento a partir de sus experiencias y sus interacciones con el entorno. Vygotsky, por su parte, enfatiza la importancia de la interacción social y la colaboración en el aprendizaje infantil. Deci y Ryan sostienen que las personas tienen una tendencia natural a participar en actividades que son intrínsecamente motivadoras y significativas para ellas. Kolb postula que el aprendizaje ocurre a través de la experiencia directa y la reflexión sobre esa experiencia. Al partir de los intereses de los niños, se promueve la motivación intrínseca, se facilita la construcción de significado y se fomenta el desarrollo del pensamiento crítico y la capacidad de análisis.

El objetivo de partir de los intereses de los niños al enseñar a través de cuentos infantiles no solo hace que el aprendizaje sea más relevante y significativo, sino que también ayuda a integrar el conocimiento en las estructuras mentales y las experiencias de vida de los niños.

El juego como base del aprendizaje

El juego es una herramienta poderosa en el proceso de aprendizaje de los niños, y cuando se combina con cuentos infantiles, se convierte en una experiencia enriquecedora y significativa. A través del juego, los niños exploran, experimentan y descubren el mundo que les rodea de una manera activa y participativa. Los cuentos infantiles, por otro lado, son una fuente inagotable de historias, personajes y situaciones que capturan la imaginación de los niños y los transportan a mundos de fantasía y aventura.

Cuando se utilizan cuentos infantiles como base para el juego en el aula de educación infantil, se crea un ambiente lúdico y estimulante donde los niños pueden aprender de manera natural y espontánea.

Al integrar los cuentos en actividades de juego, se fomenta la motivación intrínseca de los niños, ya que están interesados y comprometidos con las historias y los personajes que están explorando.

Además, el juego basado en cuentos infantiles facilita la interiorización y el recuerdo de los aprendizajes de manera efectiva. Los niños se involucran activamente en la historia a medida que juegan roles, recrean escenas y resuelven problemas relacionados con la trama del cuento. A través de estas experiencias de juego, los niños internalizan los conceptos y las lecciones de los cuentos de una manera profunda y significativa, sin esfuerzo y de forma natural.

La motivación inherente a las historias de los cuentos infantiles también desempeña un papel clave en el proceso de aprendizaje. Los niños están emocionados por descubrir qué sucederá a continuación en la historia, lo que los impulsa a participar activamente en el juego y a comprometerse con los objetivos de aprendizaje de una manera divertida y entretenida.

Al aprovechar el poder del juego y la motivación de las historias de los cuentos que veremos a continuación, se crea un ambiente de aprendizaje estimulante donde los niños pueden explorar, experimentar y aprender de manera activa y participativa.

Este enfoque no solo facilita la interiorización y el recuerdo de los aprendizajes, sino que también fomenta la creatividad, la imaginación y el desarrollo integral de los niños.

Presentación

En el marco teórico se resaltó la relevancia de la literatura infantil como una herramienta invaluable para cultivar y estimular diversas inteligencias múltiples, así como para desarrollar habilidades cognitivas, emocionales y sociales en los niños.

La lectura de cuentos, por ejemplo, se señaló como un medio para fomentar la inteligencia lingüística y la comprensión lectora en los niños. La resolución de problemas, por su parte, se vincula con el desarrollo de la inteligencia lógico-matemática. La exploración de libros ilustrados fue identificada como una oportunidad para estimular la inteligencia espacial y la apreciación artística.

La inmersión en poemas y canciones se asoció con el desarrollo de la inteligencia musical.

Asimismo, la dramatización con títeres se identificó como una estrategia para potenciar la inteligencia corporal-kinestésica. Finalmente, las tertulias dialógicas sobre diversos temas en los cuentos se mencionaron como una vía para fomentar tanto la inteligencia interpersonal como la intrapersonal.

En síntesis, la literatura infantil se presenta como un recurso efectivo para estimular y desarrollar diversas inteligencias múltiples y contribuir a la neuroeducación en los niños. Esta perspectiva genera la necesidad de diseñar una propuesta innovadora que aborde la falta de innovación pedagógica en el centro educativo objeto de la propuesta.

Es importante destacar que, además de integrar las teorías de las inteligencias múltiples y la neuroeducación, la propuesta de innovación basada en diez álbumes infantiles se alinea estrechamente con los Objetivos de Desarrollo Sostenible (ODS).

Con esta propuesta, se busca motivar a los alumnos de educación infantil mediante la literatura infantil y actividades innovadoras como medio para potenciar sus talentos e inteligencias múltiples. Asimismo, la propuesta aspira a convertirse en una herramienta de referencia para otros docentes de educación infantil que busquen enriquecer sus prácticas educativas en el aula.

Actividades

Las actividades propuestas en este plan de innovación buscan alcanzar el desarrollo completo de los estudiantes de tercer nivel de Educación Infantil a través de enfoques activos y divertidos. Aquí, los estudiantes asumen un papel central en su propio proceso de aprendizaje, lo que les brinda la oportunidad de experimentar, investigar, descubrir y aprender de manera significativa.

La iniciativa titulada "¿Jugamos un cuento?" ofrece a los alumnos un espacio donde la imaginación florece, se crean momentos estimulantes de lectura diaria, se añade el misterio sobre el desarrollo de la historia, y se fomenta un aprendizaje que es tanto significativo como divertido.

Este enfoque ayuda a los estudiantes a desarrollarse de manera completa y equilibrada, fortaleciendo aspectos como su autoestima, confianza y creatividad.

Cuento relacionado con la coeducación

"Edu se viste de rosa"
de Nuria diez

EDU SE VISTE DE PRINCESA

Nuria Díez Fernández   Patricia Moreno González

Edicions Bellaterra

PROPUESTA DE ACTIVIDADES:

1. INTELIGENCIA LINGÜÍSTICA: Crear un diccionario de princesas: Una vez que los niños hayan identificado algunas palabras desconocidas, se puede crear un diccionario pirata donde se anoten estas palabras junto con su significado. Además, se puede invitar a los niños a que inventen sus propias palabras y las incluyan en el diccionario. Esto les permite desarrollar su creatividad y habilidades de escritura.

2. INTELIGENCIA LÓGICO-MATEMÁTICA: Crear patrones de vestimenta para "Edu" usando colores o tipos de ropa.

3. INTELIGENCIA ESPACIAL: Realizar un desfile con diferentes tipos de ropa "no estereotipada".

4. INTELIGENCIA MUSICAL: Cantar la canción "Princesas de Pereza" y seguir el ritmo con el pandero.

5. INTELIGENCIA CORPORAL-KINESTÉSICA: Jugar a "Edu dice" y hacer que los niños imiten los movimientos. Por ejemplo, " Edu dice: salta como una rana y escala como una princesa".

6. INTELIGENCIA INTERPERSONAL: Hacer una actividad de cohesión de grupo en el que unos a otros se digan palabras bonitas como "Me gusta tu pelo, me gusta tu pantalón…". Tras decirnos palabras bonitas, realizaremos un mural con fotos del alumnado con el lema "We can do it".

7. INTELIGENCIA INTRAPERSONAL: Hacer que los niños creen sus propios diseños de ropa y piensen en sus propias metas y objetivos.

8. INTELIGENCIA NATURALISTA: Identificar y clasificar elementos naturales presentes en la historia.

Cuentos relacionados con el cuidado del medioambiente

"Rana de tres ojos" de Olga de Dios y "Rescate animal" de George Patrick

15 VIDA DE ECOSISTEMAS TERRESTRES

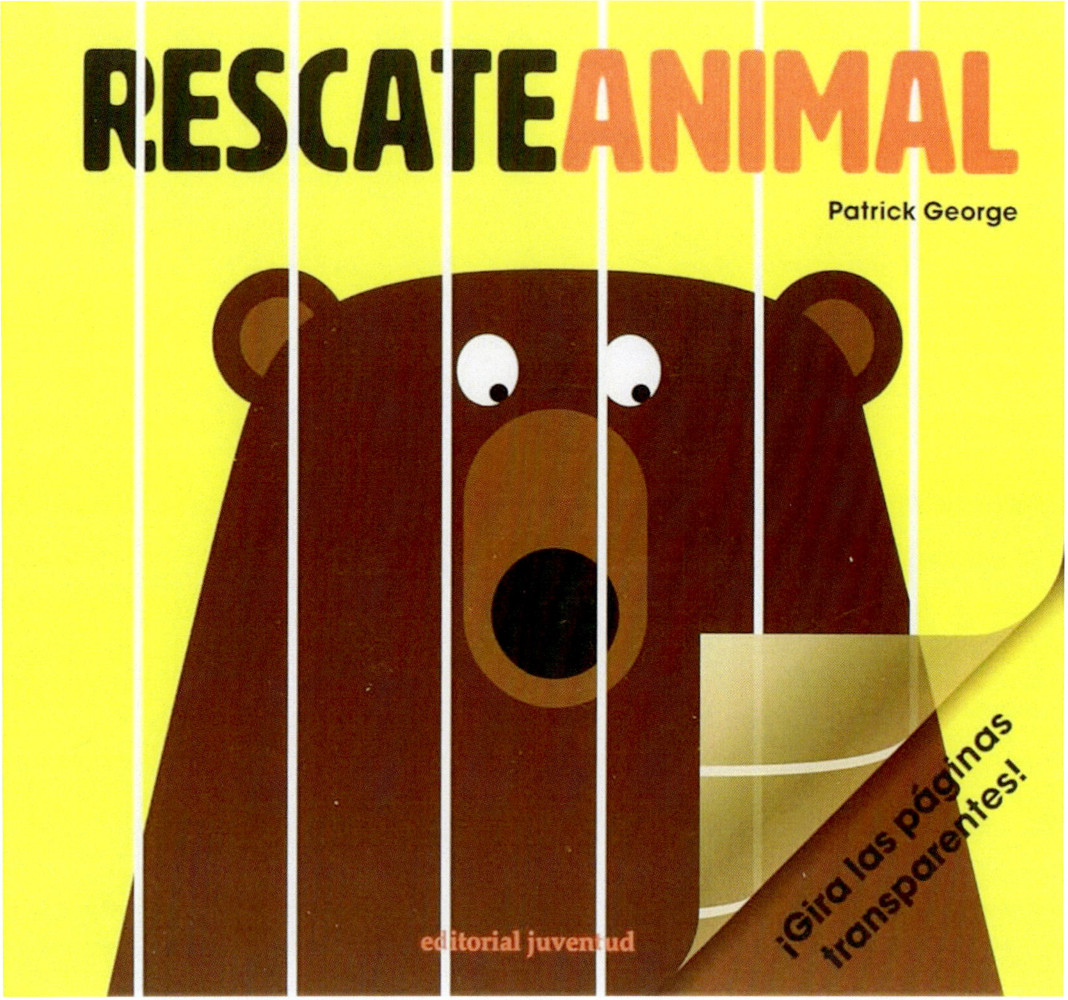

RESCATEANIMAL

Patrick George

¡Gira las páginas transparentes!

editorial juventud

1. INTELIGENCIA LINGÜÍSTICA: Escribir un final alternativo a la historia siguiendo la estructura de Gianni Rodari. Invitamos a los niños a que comente oralmente un final alternativo para la historia, donde la trama se desarrolle de manera diferente.

2. INTELIGENCIA LÓGICO-MATEMÁTICA: Clasificar diferentes objetos en contenedores de reciclaje según su material (papel, plástico, vidrio, metal, etc.) en la pizarra digital interactiva del aula. Posteriormente crearemos el rincón de reciclaje en el aula.

3. INTELIGENCIA ESPACIAL: Colocamos en una maqueta los tipos de árboles según su altura en la montaña.

4. INTELIGENCIA MUSICAL: Canción "3R" para concienciarles sobre la importancia del reciclaje. Seguiremos el ritmo con palos y piedras encontrados en el parque cercano al colegio.

5. INTELIGENCIA CORPORAL-KINESTÉSICA: Jugar a "Rana de tres ojos dice" con instrucciones relacionadas con el reciclaje. Por ejemplo, "La rana dice: coge el envoltorio de papel y colócalo en el contenedor azul".

6. INTELIGENCIA INTERPERSONAL: Por equipos cooperativos, a través de la estructura del programa AC/CA "el puzle de Aronson" formamos una escena de la historia con las piezas del puzle.

7. INTELIGENCIA INTRAPERSONAL: Rutina de pensamiento: ¿qué pasaría si se extinguiesen los animales? Ticket de salida: en un papel dibujan o escriben su animal favorito del cuento. Puedes descargar los tickets de salida en el siguiente código QR:

Cuento relacionado con los tipos de familias

"Infinito" de Miriam Tirado

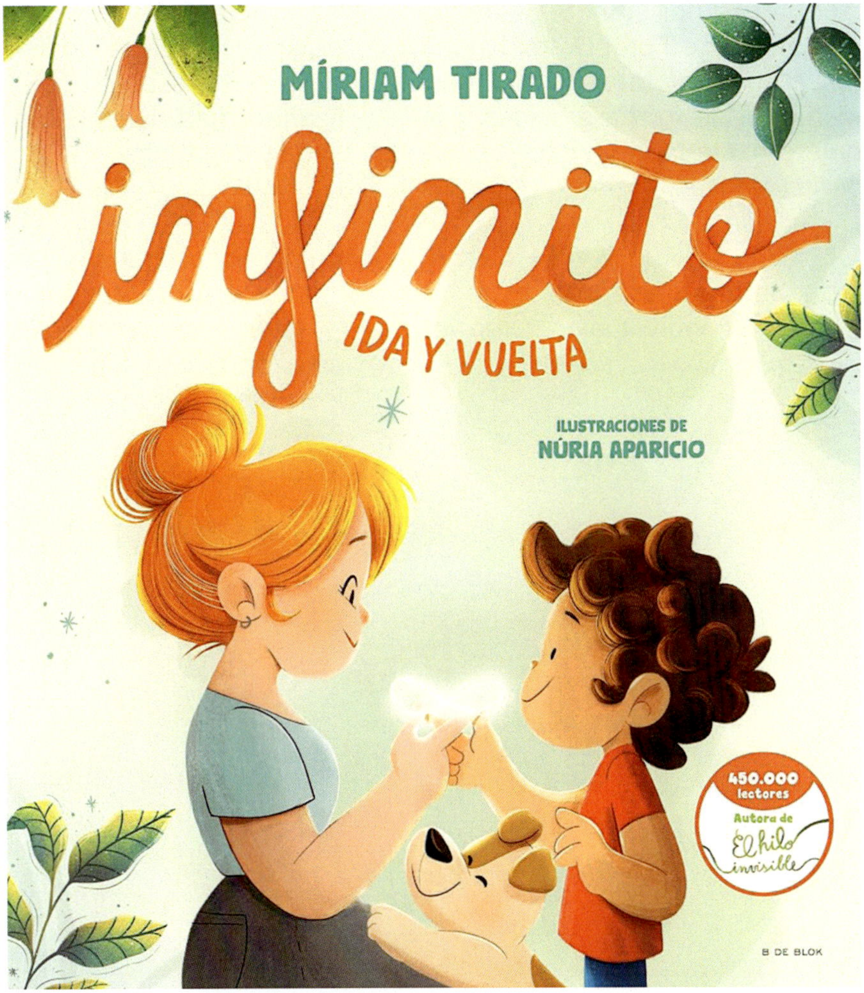

PROPUESTA DE ACTIVIDADES

1. INTELIGENCIA LINGÜÍSTICA: En asamblea, se propone identificar y analizar el lenguaje figurado de forma lúdica. El cuento utiliza varias figuras literarias, como la metáfora, para describir el amor infinito. Se anima a los niños a que utilicen su propia creatividad para crear sus propias metáforas para describirnos físicamente de forma graciosa. Por ejemplo, te quiero hasta la luna y vuelta, tus dientes son perlas blancas.

2. INTELIGENCIA LÓGICO-MATEMÁTICA: Entrada relajada: Se propone contar estrellas de amor en bandejas individuales. Una vez numeradas, los niños las colocan en orden para contar la historia del amor entre la madre y Jan en gran grupo.

3. INTELIGENCIA ESPACIAL: Escenografía de Amor: invitar a los niños a crear un escenario que represente una escena del cuento utilizando materiales como cartulinas, papel de seda y pegatinas.

4. INTELIGENCIA MUSICAL: A través de un musicograma corporal acompañan la canción "Tengo el corazón contento" de Marisol.
Inteligencia corporal-kinestésica: Tejemos corazones con lanas rojas simulando "hilos invisibles" en bastidores.

66

5. INTELIGENCIA INTERPERSONAL: Entrevistas de Amor: en parejas, los niños realizan entrevistas simuladas sobre el amor entre madres e hijos.

6. INTELIGENCIA INTRAPERSONAL: Hacer que los niños piensen en sus propios sentimientos y emociones. Pueden dibujar o escribir sobre cómo se sienten y compartirlo con el grupo si se sienten cómodos haciéndolo.

7. INTELIGENCIA NATURALISTA: Realizar una salida al aire libre donde los niños exploren la naturaleza y encuentren elementos que representen el amor, como flores o piedras y la regalen a un ser querido.

Cuentos relacionados con la educación para la paz

"Ubú" de Jérôme-Ruillier y "La ballena" de Sarah Jane Hinder

Yoga para pequeñines
La ballena

Sarah Jane Hinder

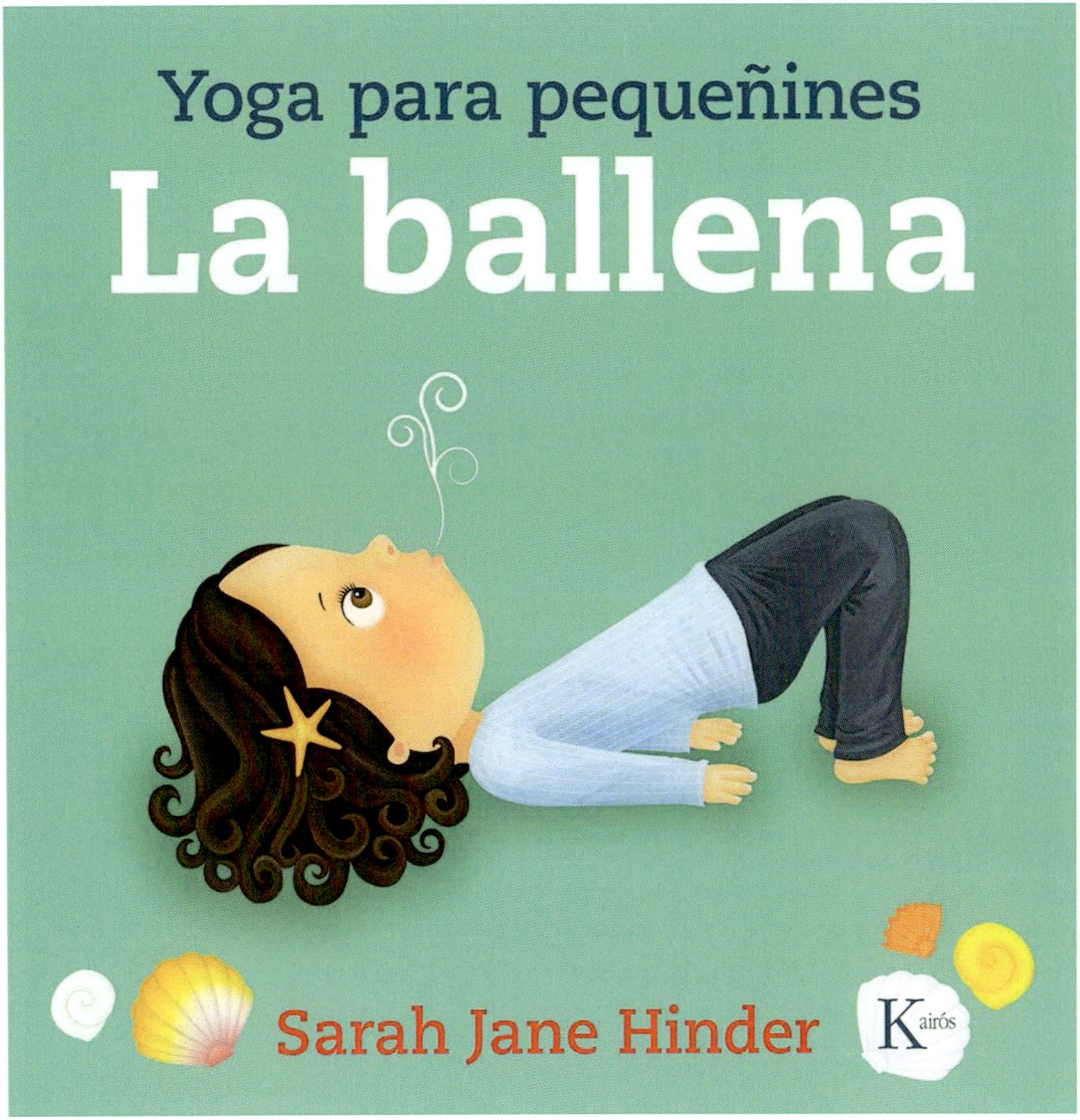

PROPUESTA DE ACTIVIDADES:

1. INTELIGENCIA LINGÜÍSTICA: Contar la historia con los personajes de las historias dibujados en las story stones.

2. INTELIGENCIA LÓGICO-MATEMÁTICA: A través de un juego de conteo se propone clasificar de los círculos de colores que aparecen en la historia.

3. INTELIGENCIA ESPACIAL: Jugar con el robot Blue-Bot en el panel de robótica para fomentar el pensamiento computacional. Programar el robot y comprobar hacia qué dirección se dirigen los colores de la historia, trabajando así la lateralidad.

4. INTELIGENCIA MUSICAL: Escuchar sonidos de aviones de guerra y realizar la rutina de pensamiento "¿qué pasaría si... En nuestra localidad se oyesen esos ruidos?"

5. INTELIGENCIA CORPORAL-KINESTÉSICA: Llevar a cabo una sesión yoga inspirada en las criaturas marinas del cuento.

6. INTELIGENCIA INTERPERSONAL: Crear un mapa de las rutas migratorias de los niños de Ucrania hasta España. Cada niño puede dibujar un círculo de un color en una tarjeta y colocarlo en un mapa, indicando su ruta y su destino.

7. INTELIGENCIA INTRAPERSONAL: Hacer que los niños piensen en cómo se sienten cuando están en un lugar nuevo o desconocido. Pueden dibujar o escribir sobre sus propias experiencias y compartirlo con el grupo si se sienten cómodos haciéndolo.

8. INTELIGENCIA NATURALISTA: Junto al alumnado de primaria del colegio, se realiza una sesión de aeroyoga dirigida por la profesora de Educación Física.

Cuento relacionado con los derechos humanos

"El niño sin nombre" de Miguel Saltavella

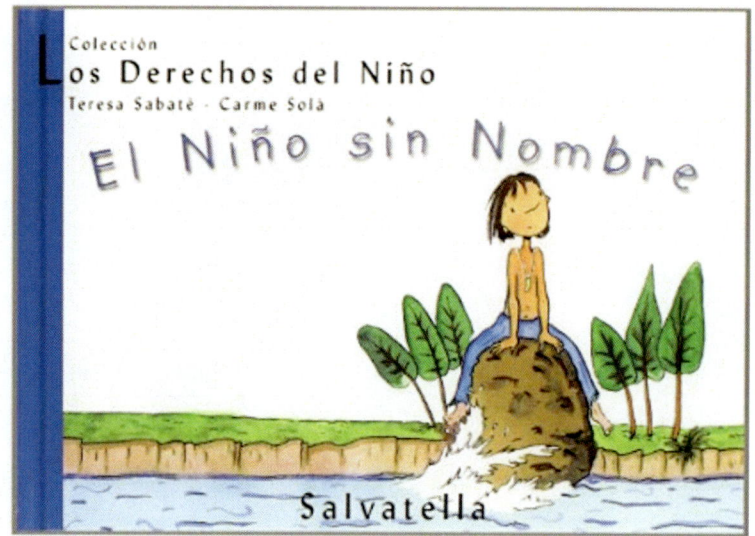

PROPUESTA DE ACTIVIDADES

1. INTELIGENCIA LINGÜÍSTICA: A través de la rutina "soñadores y despiertos" los alumnos inventan otros nombres que les gustaría ponerse a ellos mismos.

2. INTELIGENCIA LÓGICO-MATEMÁTICA: Crear un rompecabezas de números con piezas que representen diferentes partes de la historia.

3. INTELIGENCIA ESPACIAL: Elaborar nuestros nuestros nombres con elementos naturales como flores, legumbres, palillos, etc.

4. INTELIGENCIA MUSICAL: Aprender la canción "dime tu nombre yo vengo a saludarte" y cantarla cada mañana en las asambleas.

5. INTELIGENCIA CORPORAL-KINESTÉSICA: Sobre un trozo de cartulina blanca (en el que previamente había escrito sus nombres con cera blanda blanca), pintan con acuarela del color que quieran. Y.... ¡Sorpresa! Donde antes no había nada, aparecieron sus nombres.

6. INTELIGENCIA INTERPERSONAL: Realizar un juego de roles donde los niños simulan entrevistas para encontrar a la familia del niño sin nombre.

7. INTELIGENCIA INTRAPERSONAL: Pedir a cada niño que cree un árbol con imágenes o palabras que representen su identidad y lo que los hace únicos.

8. INTELIGENCIA NATURALISTA: Proporcionar diferentes materiales con texturas para que los niños exploren y describan cómo se sienten al tacto.

Cuento relacionado con la educación de calidad

"¡BAILA!" de Hervé Tullet

PROPUESTA DE ACTIVIDADES

1. INTELIGENCIA LINGÜÍSTICA: Rutina de pensamiento: ¿qué pasaría si no pudiesen bailar ni saltar? Cada niño puede agregar una oración o una idea para construir la historia en grupo.

2. INTELIGENCIA LÓGICO-MATEMÁTICA: Crear una secuencia de movimientos para las manos con el musicograma "La familia Adams", basándose en los movimientos que aparecen en el libro.

3, 4 Y 5 INTELIGENCIAS ESPACIAL, CORPORAL-KINESTÉSICA Y MUSICAL: Colocar círculos de colores en el suelo del patio para que los niños bailen saltando de un color a otro al ritmo de una música.

6. INTELIGENCIA INTERPERSONAL: Baile en parejas: los niños bailan en parejas y se turnan para liderar el baile cuando pare.

7. INTELIGENCIA INTRAPERSONAL: Reflejo de sentimientos: después de una sesión de baile, invitar a los niños a expresar cómo se sienten mediante dibujos o palabras.

8. INTELIGENCIA NATURALISTA: Incorporar elementos naturales como en la actividad de baile, como hojas, plumas, flores o piedras.

Cuento relacionado con la diversidad

"La niña que caminaba entre aromas" de Andrés Almada

PROPUESTA DE ACTIVIDADES.

1. INTELIGENCIA LINGÜÍSTICA: a través de la rutina de pensamiento "Veo, pienso, me pregunto" se invita a los niños a crear una historia colaborativa utilizando palabras que describan aromas y sensaciones.

2. INTELIGENCIA LÓGICO-MATEMÁTICA: Proporcionar frascos con diferentes olores y pedir a los niños que los clasifiquen según similitudes.

3. INTELIGENCIA ESPACIAL: Invitar a los niños a dibujar representaciones visuales de los aromas mencionados en el cuento.

4. INTELIGENCIA MUSICAL: Escuchar con los ojos cerrados la canción "Por ti volaré" de Andrea Bocelli. Se trata de una canción con un mensaje positivo sobre la inclusión y cumplir los sueños personales. https://www.youtube.com/watch?v=uTIPPqPodiA&list=RDuTIPPqPodiA&start_ra dio=1

5 Y 7. INTELIGENCIA CORPORAL-KINESTÉSICA E INTERPERSONAL: A través de un circuito sensorial, los niños tocan, sientan y asocian objetos con diferentes texturas y aromas con los ojos cerrados como la protagonista del cuento.

6. INTELIGENCIA INTRAPERSONAL: Proporcionar diarios pequeños para que los niños registren sus aromas favoritos y cómo les ha hecho sentir que no pudiesen ver en la actividad anterior.

8. INTELIGENCIA NATURALISTA: Junto a las familias, crear un jardín de aromas en un taller donde plantemos plantas aromáticas en el aula y en el patio de infantil para que los niños las exploren y asocien con los aromas del cuento.

Cuento relacionado con la salud y el bienestar

"Nos tratamos bien" de Lucía Serrano

PROPUESTA DE ACTIVIDADES

1. INTELIGENCIA LINGÜÍSTICA: A través de la dinámica de cohesión grupal "palabras amables" crear tarjetas con mensajes positivos para intercambiar entre ellos.

2. INTELIGENCIA LÓGICO-MATEMÁTICA: Creamos un gráfico colectivo donde los niños registren actos amables que presencian o realizan.

3. INTELIGENCIA ESPACIAL: Crear un mural colaborativo con el ciclo de infantil que representen la diversidad y la inclusión, utilizando imágenes y colores para resaltar la singularidad de cada persona

4 Y 5: INTELIGENCIA CORPORAL-KINESTÉSICA Y MUSICAL: Escuchamos "La cumbia del buen trato" para despertar nuestras neuronas. https://www.youtube.com/watch?v=lkiA1n2aqUY

Después, basándonos en las cuñas activas de Martín Pinos, creamos una lista de elementos naturales que los niños deben buscar en el patio del colegio para realizar "la caza de tesoros naturales" como hojas de diferentes formas, piedras de colores, palitos, etc. Esto les animará a explorar y moverse mientras buscan los objetos.

6. INTELIGENCIA INTERPERSONAL: Círculo restaurativo: a través de esta dinámica los niños comparten cómo se sienten cuando son tratados bien y cómo pueden hacer lo mismo por los demás.

7. INTELIGENCIA INTRAPERSONAL: para fomentar la autoconciencia y la reflexión personal, dibujar o escribir en papeles de colores buenos tratos para echarlo al buzón de la amistad.

8. INTELIGENCIA NATURALISTA: Tras dar un paseo por los alrededores del colegio, se realiza un marcapáginas con flores plastificadas para regalar a un amigo.

CONCLUSIÓN

Las Hermanas Abelleira en su libro "El latido de un aula de infantil" recogen la historia sobre una niña y su conexión emocional con los cuentos que su papá le lee antes de dormir. Este simple gesto, ilustra de manera poderosa el impacto que la lectura tiene en el desarrollo emocional y cognitivo de los niños. Esta experiencia subraya la importancia de cultivar un ambiente en el aula donde se fomente esa misma conexión emocional con la lectura y se reconozca su poder para motivar y enriquecer el aprendizaje.

La idea de trabajar todas las inteligencias múltiples, con un énfasis especial en la lingüística, encaja perfectamente con la perspectiva holística del desarrollo infantil.

Reconocer y celebrar la diversidad de habilidades y fortalezas de cada niño es fundamental para proporcionarles oportunidades significativas de aprendizaje y crecimiento.

La creación de un podcast para debatir los valores y aspectos principales de un cuento es una excelente manera de integrar la literatura con la tecnología y fomentar el pensamiento crítico y la expresión oral de los niños.

La cita de Rodari "con las historias y los procedimientos fantásticos, ayudamos a los niños a entrar en la realidad por la ventana, en vez de hacerlo por la puerta. Es más divertido, y por lo tanto más útil.", resalta la capacidad de la literatura para transportar a los niños a nuevos mundos, estimular su imaginación y despertar su curiosidad. Contar historias es una forma poderosa de conexión humana que trasciende las barreras del tiempo y el espacio, y que permite a los niños explorar emociones, valores y experiencias de una manera segura y estimulante.

En resumen, la literatura infantil no solo es una herramienta para enseñar habilidades lingüísticas y promover el desarrollo cognitivo, sino también una fuente inagotable de inspiración, empatía y conexión emocional. Al integrar la lectura y la narración de historias de manera creativa en el aula, los educadores pueden cultivar un amor duradero por la literatura y proporcionar a los niños las herramientas y experiencias necesarias para navegar por el mundo con imaginación y comprensión.

REFERENCIAS BIBLIOGRÁFICAS

Andrés.A.(2013). *La niña que caminaba entre aromas.* CuentodeLuz.

Armstrong, T. (2012). *Inteligencias múltiples en el aula: Guía práctica para educadores.* Planeta.

Carmona, C. E. (2022). *Neuroeducación y diseño universal de aprendizaje: Una propuesta práctica para el aula inclusiva.* Octaedro.

Colomer, T. (1996). *El álbum y el texto.* Peonza.

Colomer, Teresa. (2010). *Introducción a la literatura infantil y juvenil actual.* Síntesis.

de Dios, O. (2017). *Rana de tres ojos.*Apila.

Fernandez, N. D., & Gonzalez, P. M. (2019). *Edu se viste de princesa.* Bellaterra. Gardner, H. (2001): La inteligencia reformulada. Paidós.

George, P. (2016). *Rescate Animal.* Juventud.

Goleman, D. (2006): *Inteligencia social.* Kairós.

González, A. E. (2009). *Las competencias en la programación de aula.* Vol. I: Infantil y primaria (3-12 años). Grao.

Hinder, S. J. (2020). *La Ballena: Yoga Para Pequeñines.*Kairós. Lexnavarra. Navarra.es. Recuperado el 15 de abril de 2024, de http://www.lexnavarra.navarra.es/detalle.asp?r=29391

Paniagua, G. y Palacios, J. (2008): *Educación infantil. Respuesta educativa a la diversidad.* Alianza Editorial.

Rodié, T. S. i., & Solà, C. (2002). *El niño sin nombre.*Salvatella. Rubio, A. (2005). Luna. Kalandraka.

Ruillier, J. (2020). *Ubú.*Juventud.

Salovey, P., Brackett, M. A., & Mayer, J. D. (2004). *Emotional Intelligence: Key Readings on the Mayer and Salovey Model.* National Professional Resources Inc.

Serrano, L. (2023). *Nos Tratamos Bien.* Beascoa.

Sistemic. (2021, 26 octubre). *Coreografía hipnótica de Sadeck Waff* [Vídeo]. YouTube. https://www.youtube.com/watch?v=ZwXZf64z3DE

Tirado, M. (2023). *Infinito. Ida y vuelta.*

Torremocha, P. C. C., & Padrino, J. G. (2001). *La literatura infantil en el siglo XXI.* Universidad de Castilla La Mancha.

Tullet, H. (2021). *¡Baila!* Kókinos.

Verde, S. (2019). *I Am Love: A Book of Compassion.* Harry N. Abrams.

Vergara, M. V., & Núñez, L. A. (2021). *Los Objetivos de Desarrollo Sostenible: hoja de ruta en la educación del siglo XXI: Innovación docente en la formación de profesionales.* Ediciones Octaedro.

Vila, I. (2000). *Adquisición del lenguaje.* J. Palacios, A. Marchesi y C. Coll. *Desarrollo psicológico y educación, I. Psicología evolutiva.* Alianza.

Vvaa (1991). *Desarrollo psicológico y educación I.* Compilación de Palacios, J., Marchesi, A. Y Coll, C. Alianza.

Zabala, A. y Arnau, I. (2007). *Cómo aprender y enseñar competencias.* Graó.

Zyngier, S., Bortolussi, M., Chesnokova, A., & Auracher, J. (2008). *Directions in Empirical Literary Studies: In honor of Willie van Peer. John Benjamins Publishing.*

ANEXO

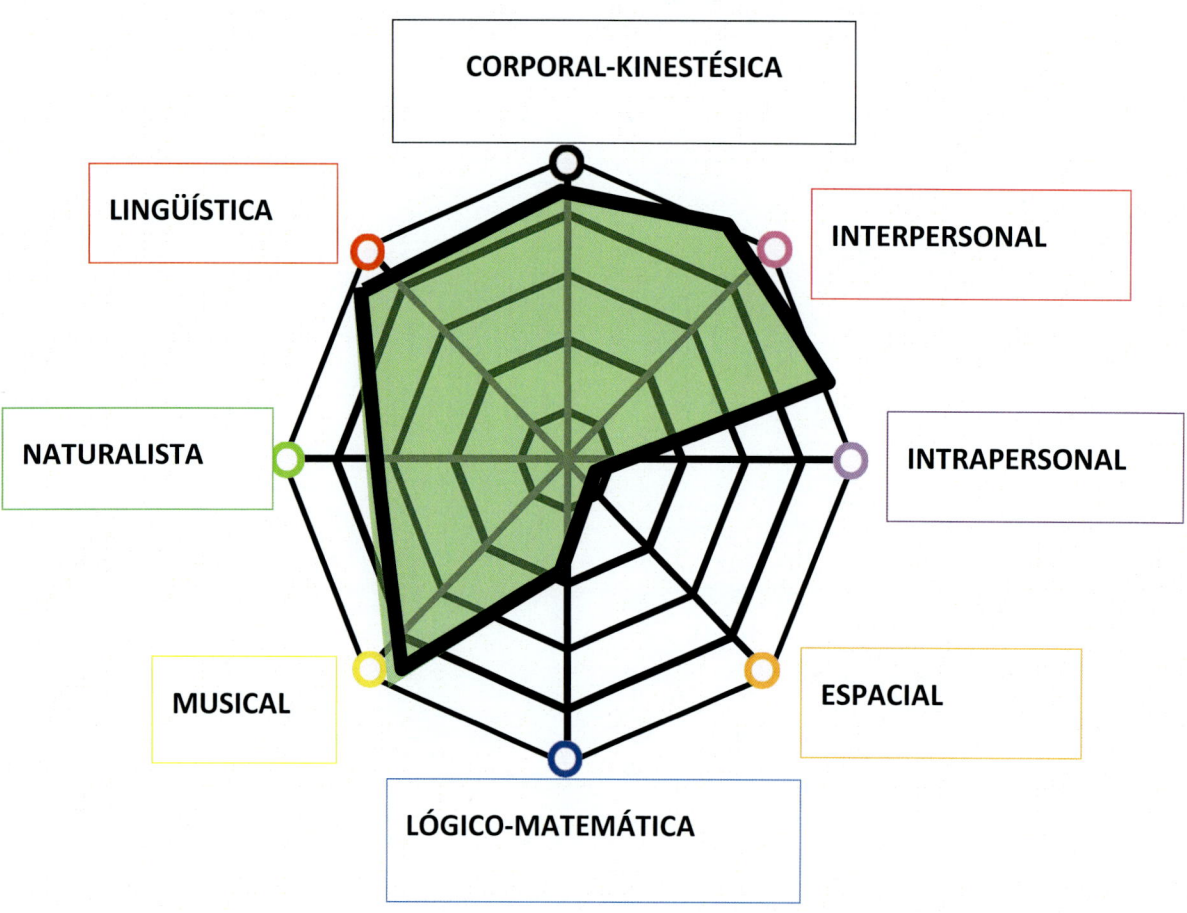

DIANA DE EVALUACIÓN DE LAS INTELIGENCIAS MÚLTIPLES

CORPORAL-KINESTÉSICA

LINGÜÍSTICA

INTERPERSONAL

NATURALISTA

INTRAPERSONAL

MUSICAL

ESPACIAL

LÓGICO-MATEMÁTICA

COEVALUACIÓN: ¿CÓMO LO HEMOS HECHO?	0	1	2	3
MUESTRA INTERÉS EN LAS ACTIVIDADES	🔴	⚪	⚪	⚪
REALIZA LAS ACTIVIDADES	⚪	⚪	⚪	🟢
OFRECE AYUDA AL RESTO DEL GRUPO	⚪	🟡	⚪	⚪
SE IMPLICA EN EL TRABAJO	⚪	⚪	🟠	⚪
PARTICIPA ORALMENTE	⚪	⚪	⚪	🟢